L'ACADÉMIE FRANÇAISE

AU XVIIᵉ SIÈCLE

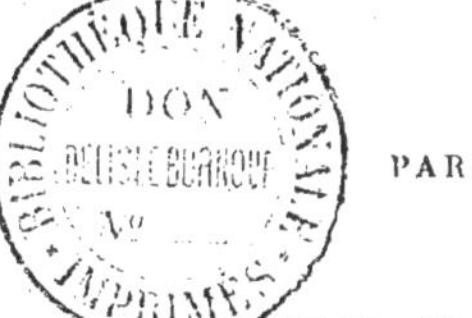

PAR

GASTON BOISSIER

DE L'ACADÉMIE FRANÇAISE

EXTRAIT DE LA *REVUE DES DEUX MONDES*

Nᵒ du 15 Juin 1897

PARIS

BUREAU DE LA *REVUE DES DEUX MONDES*

15, RUE DE L'UNIVERSITÉ, 15

1897

L'ACADÉMIE FRANÇAISE

AU XVIIe SIÈCLE

PAR

GASTON BOISSIER

DE L'ACADÉMIE FRANÇAISE

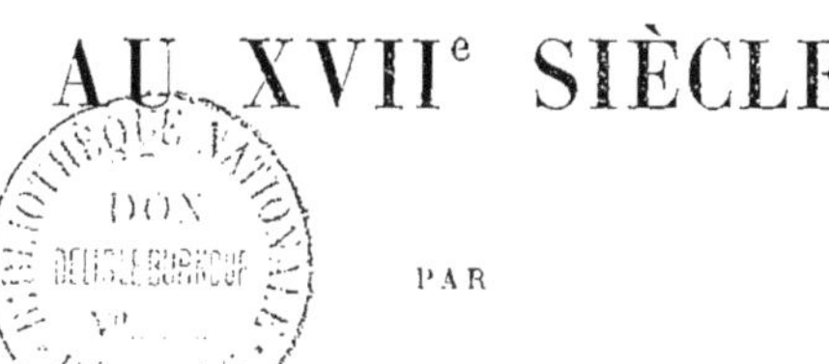

PARIS

BUREAU DE LA *REVUE DES DEUX MONDES*

15, RUE DE L'UNIVERSITÉ, 15

1897

L'ACADÉMIE FRANÇAISE

AU XVIIe SIÈCLE

L'Académie française, à l'occasion du centenaire de l'Institut, a publié ce qui reste de ses vieux registres. C'est un vrai miracle qu'ils aient survécu à la tempête, qui, à la fin du siècle dernier, emporta toutes les sociétés littéraires et scientifiques de la France. A ce moment, l'Académie qui, depuis plus d'un an, sentait l'orage se former, s'était fort abandonnée elle-même et ne vivait qu'à moitié. Le 5 août 1793, elle se réunit au Louvre pour la dernière fois; quatre membres seuls étaient présens : Ducis, La Harpe, Bréquigny et Morellet, qui remplissait à la fois les fonctions de directeur et de secrétaire. On devine ce que devaient se dire les derniers survivans d'une institution illustre, qui se sentaient suspects et ne se faisaient aucune illusion sur le sort réservé à leur compagnie. Trois jours après parut le décret de la Convention qui la supprimait, et les scellés furent posés sur les salles où Louis XIV l'avait établie et où elle siégeait depuis cent vingt ans. Mais, dans l'intervalle, Morellet avait emporté les huit volumes qui contenaient les délibérations de l'Académie et les listes de présence. Ce pieux larcin, comme il l'appelle, pouvait lui coûter la vie, si on l'avait découvert; heureusement il fut ignoré, et Morellet put garder ce dépôt chez lui, sans que personne en sût rien. Il songea à le restituer après la première réorganisation de l'Institut, quand on y créa une classe qui correspondait assez exactement à l'Académie de Richelieu, et dont il faisait lui-même partie. Le 5 mars 1805, il était chargé de recevoir Lacretelle; à la fin de son discours, il raconta ce qu'il avait fait onze ans auparavant et rendit solennellement les registres qu'il avait sauvés. « Je remets, dit-il, entre vos mains la chaîne qui rattache cette compagnie à la première Académie française, ou plutôt qui fait de l'une et de l'autre une même Académie. »

Au premier abord, quand on lit nos registres, on est tenté de penser que Morellet a pris beaucoup de mal et couru beaucoup de dangers pour peu de chose. Qu'y trouve-t-on en effet? des procès-verbaux fort insignifians d'ordinaire et des listes de noms, parmi lesquels il y en a quelques-uns d'illustres et encore plus d'inconnus. Tout cela, il faut l'avouer, forme une lecture peu divertissante, et dont il semble qu'on ne pourra pas tirer un grand profit. Mais, quand on ne se rebute pas et qu'on regarde de près, les choses changent d'aspect. Avec un peu d'attention et d'étude, ces froids procès-verbaux semblent s'animer. Ils ne nous donnent pas seulement la physionomie extérieure des assemblées, le mécanisme des séances ordinaires, l'appareil des séances publiques, ce qui n'est pas à dédaigner; ils nous permettent de deviner bien d'autres choses. Quelle que soit la discrétion des gens qui tiennent la plume, malgré leur parti pris de tout éteindre sous de banales formules, un mot qui leur échappe, une allusion, une demi-confidence nous font entrevoir ce qu'ils n'avaient pas l'intention de nous dire. Profitons de ces lumières intermittentes pour essayer de mieux connaître par quelles vicissitudes a passé, au xviie siècle, cette compagnie qui tient une si grande place dans l'histoire des lettres françaises (1).

I

Pellisson nous dit que les procès-verbaux de l'Académie, qu'il a eus dans les mains, commençaient le 13 mars 1634, c'est-à-dire immédiatement après qu'elle eut nommé son premier secrétaire perpétuel. Mais, s'ils étaient rédigés avec beaucoup d'exactitude, il faut croire qu'on mit peu de soins à les conserver. Les premières années sont perdues, et il faut nous contenter aujourd'hui des citations que Pellisson en a faites; mais avec ce qu'il en a tiré nous pouvons avoir quelque idée de la naissance et des premiers temps de l'Académie.

(1) Les *Registres de l'Académie française* forment trois volumes qui renferment les procès-verbaux et les listes de présence depuis 1672 jusqu'en 1793. Un quatrième volume, qui est sous presse, contiendra ce qu'on a conservé des registres perdus et d'autres pièces qui concernent l'Académie, avec une table des noms propres. L'ouvrage est publié par les soins de M. Marty-Laveaux, archiviste de l'Académie, qui l'a enrichi de notes savantes dont je me suis beaucoup servi dans cet article.

En 1629, Antoine Godeau, qui plus tard entra dans les ordres
et devint évêque de Grasse, vivait à Dreux, où il était né, et
composait des vers galans qui faisaient l'admiration de ceux aux-
quels il voulait bien les montrer. Mais il ne lui suffisait pas
d'être admiré dans sa petite ville, et il désirait se faire connaître
aux beaux esprits de Paris. Précisément, il était le cousin de
Conrart, un secrétaire du roi, qui cultivait aussi les Muses et fré-
quentait beaucoup les gens de lettres. A sa demande Conrart en
rassembla quelques-uns chez lui, et Godeau vint leur lire ses
poésies. Il faut croire que cette réunion leur causa un plaisir très
vif, puisqu'ils désirèrent la renouveler. « Comme ils étaient logés,
nous dit Pellisson, en divers endroits de Paris, et ne trouvaient
rien de plus incommode, dans cette grande ville, que d'aller souvent se chercher les uns les autres sans se trouver, ils résolu-
rent de se voir un jour de la semaine chez l'un d'eux. » Conrart
demeurait au coin de la rue Saint-Martin et de la rue des
Vieilles Étuves, « au cœur de la ville », à peu près à égale
distance des autres; il était commodément logé pour recevoir ses
amis; c'est donc chez lui qu'ils prirent l'habitude de se réunir.
Leur nombre n'était pas considérable; Pellisson nous en a laissé
la liste. Ils étaient neuf, de professions différentes, les uns atta-
chés à la maison de quelque grand personnage, comme secré-
taires ou cliens, ou, pour parler la langue du temps, en qualité
de « domestiques », d'autres portant le petit collet et pourvus de
quelque bénéfice qui les faisait vivre, mais tous fort épris des lettres et faisant leur unique métier de les cultiver. La plupart composaient de petits vers, qui d'ordinaire n'étaient pas imprimés, et
qu'ils allaient lire dans les réunions de gens du monde. C'était
alors un moyen sûr de se mettre en renom. Voiture, qui fut le
roi des gens d'esprit de son temps, et dont la réputation se répan-
dit de salon en salon jusque dans les pays étrangers, n'avait pas
publié une ligne; c'est après lui que son neveu songea à recueillir
ses lettres et les fit paraître chez Courbé. On comprend que d'autres, pour qui on n'a pas pris la même précaution, soient aujour-
d'hui parfaitement inconnus, après avoir été presque célèbres de
leur vivant. Dans la liste des amis de Conrart, telle que nous la
donne Pellisson, il n'y a guère que le nom de Chapelain dont on
se souvienne, et sa célébrité n'est pas de celles qui sont très
dignes d'envie.

La plupart d'entre eux fréquentaient en même temps d'autres

sociétés mondaines, car le goût des lettres était alors très vif et il y avait une foule de salons ouverts dans Paris où les poètes étaient fort recherchés. Mais Pellisson nous dit que nulle part ils ne se plaisaient autant que chez Conrart. « Là ils s'entretenaient familièrement, comme ils eussent fait en une visite ordinaire. Que si quelqu'un de la compagnie avait fait un ouvrage, comme il arrivait souvent, il le communiquait volontiers à tous les autres, qui lui en disaient librement leur avis ; et leurs conférences étaient suivies tantôt d'une promenade, tantôt d'une collation qu'ils faisaient ensemble... Quand ils parlent encore aujourd'hui de ce temps-là et de ce premier âge de l'Académie, ils en parlent comme d'un âge d'or, durant lequel, avec toute l'innocence et toute la liberté des premiers siècles, sans bruit et sans pompe, et sans autres lois que celles de l'amitié, ils goûtaient ensemble tout ce que la société des esprits et la vie raisonnable ont de plus doux et de plus charmant. »

. Mais une pareille intimité exige qu'on ne sorte pas d'un cercle très restreint. Aussi les amis de Conrart s'étaient-ils engagés à ne parler de leur réunion à personne, et pendant quelque temps ils tinrent exactement leur parole. Malleville fut le premier qui y manqua ; par ses indiscrétions il donna à Faret le désir de s'introduire dans la petite société ; Faret à son tour y amena Desmarets Saint-Sorlin et Boisrobert. Cette fois l'indiscrétion était grave et devait avoir des suites importantes. Boisrobert vivait dans la familiarité du cardinal de Richelieu et il avait pour principale fonction de le distraire et de l'égayer. En l'absence des gazettes, qui ne commencèrent d'exister qu'un peu plus tard, il le tenait au courant de toutes les petites nouvelles de la ville et de la cour (1). On pense bien qu'il ne négligea pas de lui parler de la réunion à laquelle on l'avait admis. Richelieu, dont l'esprit était fécond en projets et qui sans doute avait déjà songé à trouver quelque moyen d'organiser la littérature, comme tout le reste, fut frappé des paroles de Boisrobert ; il vit tout de suite le parti qu'on pourrait tirer de cette réunion dont on lui faisait un tableau si séduisant, et demanda si ceux qui la composaient (il faut ici reproduire les paroles du maître) ne voudraient point faire un corps et s'assembler régulièrement sous une autorité publique. .

---

(1) Tous ces récits prenaient dans la bouche de Boisrobert un charme particulier ; il excellait à raconter. « Il avait souverainement, nous dit d'Olivet, le don de cette niaiserie affectée qui est familière à Caen. »

La proposition fut d'abord mal accueillie. Tout le monde comprit que du moment qu'on allait « former un corps », c'est-à-dire une société régulière, avec des lois et des règles fixes, c'en était fait de l'aimable familiarité des réunions antérieures. Mais ce qui devait effrayer surtout, c'était de s'assembler « sous une autorité publique ». On pouvait croire que Richelieu avait l'intention de mettre la main sur la littérature comme il avait fait sur le reste, et tout le monde savait alors ce que pesait la main du premier ministre. « On me mande, écrivait Balzac, que c'est une tyrannie qui se va établir sur les esprits, et à laquelle il faut que nous autres, faiseurs de livres, rendions une obéissance aveugle. Si cela est, je suis rebelle, je suis hérétique, je vais me jeter dans le parti des barbares. »

Balzac s'effrayait trop vite et Richelieu n'avait pas de si noirs desseins. Il aimait avec passion notre langue, qu'il parlait très bien, et il prévoyait à quelles grandes destinées elle était appelée. Mais il avait bien reconnu à l'usage qu'il lui manquait d'être mieux ordonnée et moins changeante. C'est à l'Académie qu'il voulait donner la tâche de corriger ses dérèglemens et de la rendre plus fixe. Pour qu'elle y réussît et que ses arrêts fussent respectés, il lui semblait qu'elle devait emprunter son autorité à celle de l'État ; il croyait que les lois du langage doivent avoir la même sanction que les autres pour posséder la même force. L'événement prouve qu'il ne s'est pas trompé. C'est à son caractère officiel que le dictionnaire de l'Académie doit son importance ; il a été, dès son apparition, la règle du langage ; et l'on est surpris de voir comment, à chaque édition nouvelle, les changemens qu'il enregistre sont vite acceptés par l'opinion.

De là sont venues encore d'autres conséquences auxquelles il est vraisemblable que Richelieu ne pensait pas. En accordant à l'Académie une sorte d'investiture officielle, il semblait l'associer de quelque manière à l'autorité souveraine. On comprend que cette situation ait contribué à donner à l'homme de lettres un sentiment de sa dignité qu'il n'avait pas auparavant. Tandis que Malherbe prétendait « qu'un bon poète n'est pas plus utile à l'État qu'un bon joueur de quilles », Racine, en recevant à l'Académie le successeur de Corneille, s'élève contre les ignorans « qui rabaissent l'éloquence et la poésie et traitent les habiles écrivains de gens inutiles dans les États ». Puis il ajoute ces belles paroles : « Quelque étrange inégalité que durant leur vie la for-

tune mette entre eux et les plus grands héros, après leur mort
cette différence cesse. La postérité qui se plaît, qui s'instruit dans
leurs ouvrages, ne fait point de difficultés de les égaler à tout ce
qu'il y a de plus considérable parmi les hommes, et fait marcher
de pair l'excellent poète et le grand capitaine. » Je me demande
si quelques années plus tôt on aurait osé parler avec cette fierté et
cette assurance. Je ne puis m'empêcher de remarquer aussi que
la littérature a chez nous, surtout depuis cette époque, un caractère qu'on ne lui trouve pas au même degré chez les autres
peuples. Nulle part elle ne tient une aussi grande place dans la
vie de la nation ; nulle part elle n'a pris d'aussi bonne heure une
telle importance politique et sociale. Quand on ne la regardait
ailleurs que comme un divertissement agréable, en France elle
tendait à devenir une sorte de pouvoir public. En 1775, lorsqu'il
prit possession de son siège à l'Académie française, Malesherbes
disait : « Dans un siècle où chaque citoyen peut parler à la nation
entière par la voie de l'impression, ceux qui ont le talent d'in-
struire les hommes ou le don de les émouvoir, les gens de lettres,
en un mot, sont au milieu du public dispersé ce qu'étaient les
orateurs de Rome et d'Athènes au milieu du peuple assemblé. »
Ces paroles, qui furent accueillies par des applaudissemens fréné-
tiques, exprimaient à merveille le rôle qu'avait joué la littérature pendant tout le siècle. Ne peut-on pas dire que c'est Richelieu, qui, sans le vouloir peut-être, l'a mise dans la voie qu'elle
devait suivre? Les choses ont souvent des conséquences bien différentes de celles qu'on prévoyait. On pouvait craindre, quand
Richelieu demandait à l'Académie de se réunir « sous une autorité publique », qu'il ne voulût mettre la littérature dans sa dé-
pendance. C'est tout à fait le contraire qui est arrivé. En lui attri-
buant une place dans l'État, en la faisant ainsi profiter du prestige
du pouvoir souverain, il l'a relevée à ses yeux et aux yeux du
public, il lui a donné l'audace de s'attaquer aux questions les plus
graves, le désir de mener l'opinion et la force d'y réussir.

II

Quand les amis de Conrart, après beaucoup d'hésitation, se
furent décidés à accepter les propositions du cardinal, l'Académie
française fut établie, sous le protectorat de Richelieu, par des
lettres patentes du mois de janvier 1635. Pendant qu'on travail-

lait à faire enregistrer ces lettres au parlement, ce qui dura quelque temps, la compagnie acheva de se constituer. Elle se fit un règlement qui est à peu près celui d'aujourd'hui, et se compléta. On avait décidé du premier coup qu'on serait quarante ; les douze membres de la petite société avaient donc à se donner vingt-huit confrères. Ces choix, comme on le pense bien, ne se firent pas en un jour, ni même en un an. En réalité, le chiffre définitif ne fut atteint qu'en 1639, par la nomination de Priezac.

Les choses se passèrent d'abord d'une manière très confuse. Au début, on ne votait pas au scrutin ; chacun proposait un nom, d'ordinaire celui d'un parent, d'un ami, et les autres approuvaient. Ce qui montre bien qu'on avait égard surtout à des relations personnelles plus qu'au mérite réel, c'est qu'on ne s'avisa de nommer deux des plus grands écrivains de l'époque, Balzac et Voiture, qu'après en avoir pris beaucoup d'autres. Assurément il se trouvait, parmi les élus, des gens de lettres, Maynard, Saint-Amand, Colletet ; mais il y en avait d'autres aussi, et en grand nombre. Comme on allait vite et un peu au hasard, il était naturel qu'on fût tout d'abord attiré vers les noms qui faisaient alors le plus de bruit dans le monde. Les auteurs de pamphlets et de factums politiques tenaient dans la société de ce temps la place qu'occupent aujourd'hui les journalistes. Le cardinal ne poursuivait pas seulement ses ennemis avec ses armées ; il leur faisait une guerre de plume qu'il poussait aussi énergiquement que l'autre. Aux attaques qui venaient de Bruxelles il opposait des réponses qui partaient de Paris, et ces combats n'excitaient pas moins que les batailles véritables la curiosité du public. On ne se contentait pas toujours d'employer des armes légères ; il arrivait souvent qu'on échangeait de gros livres, hérissés d'histoire ou de jurisprudence, qui ne parvenaient pas pourtant à lasser la patience de nos pères. Mais dans les volumes, comme dans les brochures, les polémiques sont vivement menées. Les nécessités de la lutte donnent au style de ces écrivains des qualités qui manquent souvent aux autres ; la phrase y est moins traînante, le trait plus piquant, le tour plus dégagé. Assurément le pamphlet politique a été, au début de ce siècle, une excellente école pour notre langue. Par malheur l'intérêt de ces sortes d'ouvrages ne survit guère aux circonstances qui les ont fait naître ; on ne lit pas plus un pamphlet de l'autre année qu'un article de journal de la veille. Qui se souvient du *Ministre d'État* de Silhon ou des *Discours poli-*

*

tiques de Priezac? qui se rappelle les noms de Jean de Sirmond, de Bourzéis, d'Hay du Châtelet? Mais ils étaient alors dans toutes les bouches, et l'on n'est pas surpris qu'ils se soient tout d'abord présentés à l'esprit de ceux qui étaient en quête d'hommes de talent pour compléter l'Académie (1).

Avec ceux-là entrèrent quelques personnages qui appartenaient à l'administration et à la magistrature, des conseillers au Parlement, des avocats généraux, des maîtres des requêtes, des conseillers d'État. Ces fonctions étaient d'ordinaire occupées par des hommes très versés dans l'étude des lettres classiques et qui les cultivaient volontiers à leurs heures de loisir; ils n'étaient donc pas déplacés à l'Académie. Dans le nombre se trouvait Abel Servien, le sous-secrétaire d'État de la guerre, celui qui négocia plus tard les traités de Westphalie. Tous ces gens-là, dont le nom est aujourd'hui moins connu, faisaient alors grand honneur à la nouvelle compagnie. Mais sa plus illustre conquête fut celle de l'homme qui occupait, après le cardinal, une des plus hautes situations dans l'État. Le garde des sceaux, Séguier, qui fut dans la suite chancelier de France, désira d'en faire partie. Voulait-il seulement flatter son maître en demandant une place dans la compagnie dont il était le protecteur? Beaucoup le pensèrent, et le rusé courtisan était bien capable de cette manœuvre. Mais comme, après tout, il aimait les lettres, qu'il se piquait lui aussi de protéger les beaux esprits, qu'il en logeait plusieurs dans son hôtel, qu'il en admettait souvent à sa table, on peut croire qu'en souhaitant être compris parmi les Quarante, il ne faisait que suivre son goût naturel. L'Académie, on le conçoit, fut très fière de cette illustre recrue; on décida que le nom de Séguier serait inscrit le premier dans le tableau à quelque distance des autres, et quelques années plus tard, lorsque Richelieu mourut, c'est Séguier que l'Académie élut à sa place comme protecteur; il le fut pendant trente ans.

L'Académie était composée à ce moment à peu près comme elle l'a toujours été : il y avait des auteurs dramatiques, des poètes, des historiens, des orateurs, et, à côté d'eux, des publicistes politiques, — nous dirions aujourd'hui des journalistes, — des sa-

---

(1) Un savant laborieux et bien informé, M. René Kerviler, nous a donné des renseignemens très complets sur les académiciens de la première époque, soit dans *la Bretagne à l'Académie française*, ou dans son volume sur *le Chancelier Pierre Séguier*, soit dans des notices séparées. Il s'est fait vraiment l'historiographe de l'Académie primitive.

vans (1), des magistrats, des ambassadeurs, et même des ministres. Une sorte d'instinct semble l'avoir avertie dès le premier
jour qu'elle ne devait pas se contenter d'être tout à fait une société
de gens de lettres. Les sociétés de ce genre deviennent facilement
des coteries ; le souci des intérêts personnels, les amitiés, les jalousies y prennent trop d'importance ; à la longue, tout s'y rape-
tisse et s'y rétrécit. L'idéal de l'Académie fut d'être la représen-
tation de l'esprit français. Il lui sembla que la littérature d'un
pays, prise au sens le plus large, n'est pas seulement formée de
ceux qui tiennent une plume, mais qu'elle contient aussi les gens
de goût qui sont capables de comprendre et de juger les écrivains,
qui les encouragent, qui les excitent, qui les forcent à s'élever et
à se maintenir à une certaine hauteur, ceux enfin qui dans quelque
ordre d'étude et de science que ce soit renouvellent par leurs
découvertes les opinions et les connaissances, et forment ces
grands courans d'idées qui se reflètent à leur tour dans les lettres
et dont elles vivent. Cette conception de la littérature, qu'on la
blâme ou qu'on l'approuve, est ce qui a donné à l'Académie
française, parmi toutes les sociétés littéraires du monde, son
caractère original.

En 1652, elle s'augmenta d'un élément nouveau qui, depuis, y
a tenu une large place. Séguier, comme presque tous ceux qui
s'étaient fait une brillante situation dans la magistrature ou dans
les affaires, avait marié sa fille à un très grand seigneur. Il aimait
tendrement le marquis de Coislin, son petit-fils, qui donnait de
belles espérances, et, quoiqu'il n'eût encore que dix-sept ans, une
place étant venue à vaquer à l'Académie, il la demanda pour lui,
sous prétexte « qu'il ne croyait pas pouvoir mieux cultiver l'in-
clination que ce jeune seigneur témoignait pour toutes les belles
connaissances. » La compagnie, dit Pellisson, ayant agréablement
reçu cette proposition, l'élection fut faite huit jours après par
billets, qui se trouvèrent tous favorables. Armand de Coislin était
alors le plus jeune de l'Académie ; il se trouvait en être le doyen
en 1702, lorsqu'il mourut ; il fut successivement remplacé par ses
deux fils, en sorte que sa famille occupa sans interruption le
même fauteuil jusqu'en 1733. A côté des Coislin ont siégé trois
d'Estrées, trois Rohan, deux Richelieu, deux Saint-Aignan, un
La Tremoille, un Montmorency, les plus grands noms de la no-

_____

(1) Le médecin Cureau de la Chambre et Habert de Montmor chez lequel se tenait
une réunion qui devint plus tard l'Académie des sciences.

blesse française (1). Tout le monde paraît d'accord à reconnaître que la présence des grands seigneurs à l'Académie n'a pas été sans importance pour relever la condition des gens de lettres. Sans doute ils étaient admis déjà dans les salons du grand monde; on ne demandait pas, à l'hôtel Rambouillet, d'où sortaient les poètes dont on applaudissait les vers, et les portes s'étaient largement ouvertes devant Voiture, quoiqu'il fût le fils d'un marchand de vin. Cependant on s'aperçoit bien qu'ils n'y étaient pas tout à fait sur le même pied que les autres. Ils amusaient la compagnie, on leur en savait gré et on les remerciait de bonne grâce; mais dans la familiarité qu'on leur permettait d'avoir avec les grands seigneurs il entrait toujours une nuance de contrainte et de respect. Au contraire, la première loi de l'Académie c'est qu'entre tous les membres devait régner l'égalité la plus parfaite. Le fils d'un boulanger comme Quinault, un maître à danser comme Goibaud Dubois, un ancien maquignon comme l'abbé Genest, traitait d'égal un duc et pair et l'appelait son confrère. Rien de pareil ne s'était encore vu dans cette société aristocratique. Aussi ne semble-t-il pas que les gens de lettres se soient plaints d'être mêlés à l'Académie à des gens de qualité; tout au plus a-t-on disputé sur les proportions du mélange. « Il faut qu'il y en ait, disait Segrais, mais le nombre devrait être fixé à sept ou huit, et les autres devraient être choisis dans toute sorte de littérature. » Bussy trouvait naturellement qu'il en fallait mettre davantage et qu'à l'Académie comme ailleurs, il n'y en avait jamais assez; il est vrai qu'il avait la bonté d'ajouter : « Il faut pourtant y laisser toujours un nombre de gens de lettres, quand ce ne serait que pour achever le dictionnaire, et pour l'assiduité que des gens comme nous ne sauraient avoir en ce lieu-là. »

III

On a vu que les registres de l'Académie française commencent en 1672. Cette année est celle où Séguier mourut et où Louis XIV accepta d'être protecteur à sa place.

Ce n'était pas seulement un grand honneur pour elle, ce fut surtout un grand bonheur. En se rattachant directement à celui dont tout le reste dépendait, elle échappait au danger d'avoir un

(1) Ajoutons-y deux princes de la maison de Bourbon, le comte [de Clermont et le Duc d'Aumale.

protecteur qui avait besoin lui-même d'être protégé. A défaut du
roi, elle aurait probablement choisi un de ses ministres, comme
elle l'avait fait deux fois de suite. Les ministres sans doute du-
raient alors plus qu'aujourd'hui; cependant ils n'étaient pas ina-
movibles et à l'abri de tous les accidens. Il pouvait se faire que
celui qu'aurait choisi l'Académie fût renvoyé, comme Fouquet, et
sa disgrâce serait retombée sur tous ceux qui s'étaient mis à son
ombre. D'ailleurs, il est bon que le protecteur ne soit pas trop
près du protégé; il pèse moins sur lui s'il est placé à quelque distance. Un roi, par sa situation même, est plus étranger qu'un autre
aux mesquines jalousies et aux basses intrigues, il plane au-
dessus des coteries, il a moins d'amis et d'adversaires, et son in-
différence garantit son impartialité. Les élections n'étaient pas
entièrement libres, sous les deux premiers protecteurs. Richelieu
avait dit sans doute aux amis de Conrart « qu'ils pouvaient aug-
menter leur compagnie ainsi qu'ils le jugeraient à propos »; mais
eux, qui le connaissaient bien, avaient grand soin de ne choisir
que des gens qu'il aimait. Une seule fois, ils y manquèrent (1),
et le protecteur fut de si méchante humeur qu'on se promit bien
de ne plus recommencer. Séguier était moins exigeant que l'impé-
rieux cardinal. Il mettait plus de forme dans ses recommandations,
ce qui les rendait peut-être encore plus efficaces : comment répondre par un refus à un homme si aimable et si poli? Aussi fit-il
entrer sans peine tous ses « domestiques » à l'Académie. Le désir
qu'on avait de lui complaire faillit même une fois amener un grand
scandale. Quand Maynard mourut, en 1647, Corneille et Ballesdens se présentèrent pour le remplacer. Corneille avait fait *le Cid* et
Rodogune; quant à Ballesdens, il n'était connu que par quelques
traductions que Pellisson lui-même, si bon pour ses confrères,
trouve très médiocres. Mais « il avait l'honneur d'être à M. le
chancelier », et l'Académie ne savait à quoi se résoudre, quand
Ballesdens se fit justice à lui-même et céda la place à Corneille.

Avec Louis XIV on était moins exposé à des accidens de ce
genre. Sans doute, les choix de l'Académie lui étaient soumis, et il
avait le droit de ne pas les approuver; mais, en quarante-deux ans,
il n'en a usé que deux fois, ce qui vraiment n'est guère, et encore
de ces deux refus un seul avait quelque importance (2). En 1683,

(1) Au sujet de l'élection de Porchère Laugier « qu'il regardait comme un homme
qui avait eu de l'attachement avec ses plus grands ennemis. »

(2) En 1704, le roi refusa d'approuver l'élection de M. de Tréville, un grand sei-

La Fontaine et Boileau étaient candidats à la succession de Colbert. Boileau avait promis de ne faire aucune démarche, et il tint parole, mais ses amis se remuèrent beaucoup pour lui. Ils n'avaient aucune animosité particulière contre son rival, plusieurs même vivaient avec lui familièrement ; mais il s'agissait d'une lutte de principe et d'école : personne ne voulait céder. L'ancienne école poétique, celle de Louis XIII, qui avait régné sans partage dans l'Académie à sa naissance, quoique très affaiblie, était encore puissante. On voulait achever de triompher d'elle en faisant élire son plus cruel ennemi, celui qui avait rendu Chapelain, Cassagne et Cotin la risée du public : elle résista, on le comprend bien, d'une façon désespérée.

La lutte fut donc très vive. Les élections étaient alors beaucoup plus compliquées que de nos jours : il y avait trois scrutins au lieu d'un seul. Dans le premier — le scrutin des billets — chacun déposait dans l'urne le nom du candidat qu'il préférait. Le bureau, aidé d'un membre de l'Académie, qu'on tirait au sort, opérait à l'écart le dépouillement des billets et ne faisait connaître que le nom de celui qui avait obtenu le plus grand nombre de suffrages. On procédait alors à un nouveau scrutin, le scrutin des ballottes, comme on l'appelait, par boules blanches et noires, et si le nombre de boules blanches dépassait les deux tiers des membres présens, le candidat était admis ; mais seulement admis « à proposition », c'est-à-dire que son nom devait être proposé à l'approbation du roi. Quand le roi l'avait approuvé, un dernier scrutin, celui-là de pure forme, confirmait définitivement l'élection.

Au scrutin des billets, La Fontaine eut la majorité ; le scrutin des ballottes lui donna seize boules blanches sur vingt-trois votans. Il était donc élu, et l'on croyait l'affaire terminée, quand le directeur, revenant de Versailles, où il était allé soumettre l'élection au roi, rapporta à l'Académie d'une manière fort embarrassée « que Sa Majesté, lui ayant fait l'honneur de l'entendre avec beaucoup de bonté, lui avait dit qu'elle avait appris qu'il y avait eu du bruit et de la cabale dans l'Académie ; qu'il avait répondu qu'il était vrai que quelqu'un avait témoigné publiquement n'agréer pas le choix qui avait été fait de M. de La Fontaine à la pluralité des voix et en avait parlé avec un peu de chaleur, mais que du reste tout s'était passé avec tranquillité et dans les formes

gneur homme d'esprit, qu'il trouvait trop ami de Port-Royal. Cette élection du reste avait paru surprendre quelques personnes.

ordinaires ; que là-dessus ayant voulu expliquer à Sa Majesté
quelles étaient ces formes, elle l'avait interrompu en lui disant
qu'elle les savait fort bien, mais que pour ce coup elle n'était pas
encore bien déterminée et qu'elle ferait savoir ses intentions à
l'Académie (1). »

Évidemment le roi était peu satisfait qu'on n'eût pas choisi
Boileau : c'était lui qui l'avait décidé à se laisser mettre sur les
rangs en lui disant : « Il faut que vous soyez de l'Académie ».
Il est pourtant probable qu'il aurait pris son parti de l'échec de
son candidat, s'il n'avait pas cru que c'était l'effet d'une cabale. Il
pouvait penser que tout ce qui restait de l'ancienne école avait
manœuvré pour exclure Boileau ; il ne voulait pas que l'Académie devînt une coterie étroite qui ne s'ouvrît qu'aux gens d'un
certain parti, et en cela il avait bien raison. Du reste, il faisait
grand cas de La Fontaine, et ce qui prouve qu'il n'avait aucun
mauvais vouloir contre lui, c'est ce qui se passa six mois plus tard.
Une place étant alors devenue vacante, l'Académie s'empressa
d'y nommer Boileau. Quand le directeur vint l'annoncer au roi,
il répondit « que le choix lui était très agréable et qu'il serait généralement approuvé, » puis il ajouta : « Maintenant vous
pouvez recevoir La Fontaine. »

On voit à quel point le roi avait pris son rôle au sérieux. Il
se tenait au courant de tout ce qui se passait à l'Académie ; il
voulait que le règlement y fût respecté, il trouvait moyen de savoir si l'on avait été en nombre dans une élection, et si tout
s'était passé dans l'ordre. Il répétait sans cesse qu'on ne devait avoir
égard qu'au mérite et ne céder à aucune sollicitation de quelque
côté qu'elle vînt. « L'Académie, disait-il, choisira toujours de
meilleurs sujets d'elle-même qu'elle n'en prendra à la prière et à
la recommandation. » Il exigeait qu'elle fût respectée et regardait
comme une sorte d'insulte personnelle les outrages qu'on lui
faisait. Quand M. de Lamoignon commit l'impertinence de refu-
ser un siège qu'on lui avait donné, il lui fit adresser une lettre
très sèche, et, pour que la réputation de la compagnie n'eût pas
à en souffrir, il voulut que le cardinal de Rohan sollicitât la
place que le premier président avait dédaignée. Il veillait aussi à
son bien-être et c'est lui qui lui procura le premier un établisse-
ment fixe. Richelieu y avait songé, mais il n'eut pas le temps

(1) *Registres*, 15 nov. 1683.

d'exécuter ses projets. Tant qu'il vécut, elle se réunit tour à tour chez Conrart, chez Desmarets, chez Chapelain, chez Montmor, chez Gomberville, si bien que Pellisson, qui avait l'imagination fleurie, la comparait « à cette île de Délos des poètes, errante et flottante, jusqu'à la naissance de son Apollon. » Séguier la logea dans son hôtel ; mais c'était une hospitalité temporaire, qui ne pouvait durer que pendant la vie d'un homme. Louis XIV l'établit au Louvre, et elle y resta jusqu'en 1793.

Il lui accorda d'autres faveurs encore, qui lui étaient très précieuses ; par exemple celle de venir le haranguer, comme les cours souveraines, au retour de ses campagnes et dans les occasions solennelles (1). C'était un grand honneur qu'on lui faisait et qui marquait d'une manière éclatante l'importance qu'elle avait prise parmi les grands corps de l'État. Tout se faisait pour elle comme pour les autres. Au jour fixé pour la réception, l'Académie se rendait à Versailles, avec le parlement, la chambre des comptes, la cour des aides. Elle se réunissait dans la salle des ambassadeurs, où le grand maître des cérémonies venait la chercher. Les académiciens s'avançaient deux à deux, le directeur et le chancelier à leur tête, puis les autres par ordre d'ancienneté. Ceux que leurs occupations retenaient à la cour, Bossuet, pendant qu'il faisait l'éducation du Dauphin, le marquis de Dangeau, Colbert lui-même avaient grand soin de se réunir à leurs confrères et prenaient place à leur rang. Les registres ne manquent pas de nous dire dans le plus grand détail comment les choses se passaient. « Le Roi était assis dans un fauteuil. Monseigneur le Dauphin, accompagné de M. le duc de Montausier, son gouverneur, MM. les princes de Conti, et M. le chancelier étaient proches de Sa Majesté, et toute la chambre était remplie d'un grand nombre de personnes de la cour et du conseil. Sitôt que le directeur a aperçu le Roi, il a fait une profonde révérence, puis une seconde en s'avançant, et une troisième en s'arrêtant. Sa Majesté a ôté son chapeau à chacune de ces révérences. Après que le directeur a eu parlé, le roi s'est levé et a dit qu'il confirmait avec plaisir à l'Académie française les assurances qu'il lui avait données de sa protection et a témoigné une satisfaction extraordinaire du

---

(1) Il faut lire dans les *Mémoires* de Perrault l'agréable récit qu'il fait de la façon dont s'y prit le président Rose pour obtenir cette faveur à l'Académie. Ce récit nous montre Louis XIV dans un de ses momens de laisser aller et de bonne humeur.

compliment qu'il venait d'entendre. » Après quoi, le maître des cérémonies ramenait la compagnie dans le salon où il l'avait prise. D'ordinaire la journée s'achevait gaîment. Tantôt un des académiciens de la cour, le marquis de Dangeau, par exemple, invitait ses confrères à dîner et « les traitait avec beaucoup de magnificence »; tantôt c'était le roi qui faisait les frais du repas et qui commandait à son premier maître d'hôtel « de bien régaler l'Académie. » Il est probable que le maître d'hôtel se piquait d'accomplir exactement la recommandation du roi, car Bussy-Rabutin, qui assista à l'un de ces dîners, écrit à sa fille : « Nous fûmes six heures à table où la santé du protecteur de l'Académie ne fut pas oubliée. »

IV

Il est difficile de s'occuper de l'Académie française sans parler du dictionnaire; on ne peut guère les séparer. C'est le premier travail qu'elle ait entrepris, et elle n'y a jamais renoncé. Pellisson rapporte que, dans la séance du 20 mars 1634, avant qu'elle ne fût régulièrement constituée, comme on se demandait ce qu'on ferait, Chapelain fut d'avis que l'on composât tout d'abord « un ample dictionnaire », et que cette proposition fut acceptée de tout le monde.

Rien n'était plus naturel. A ce moment s'éveillait chez nous un grand orgueil national; on avait le pressentiment de la place que la France allait prendre dans le monde, et l'on comptait qu'elle y serait puissante par les lettres comme par les armes. La première fois que l'Académie prit la parole, elle exprima la pensée que « notre langue, plus parfaite déjà que pas une des autres vivantes, pouvait bien succéder à la latine, comme la latine à la grecque. » Cette espérance devait paraître alors fort téméraire. Il n'y avait pas longtemps que les langues modernes s'étaient émancipées de la tyrannie du latin; beaucoup de gens doutaient encore qu'elles fussent propres à exprimer rien de sérieux et de durable. Pellisson lui-même avait d'abord partagé ce préjugé; il nous dit que, dans sa jeunesse, on avait eu grand peine à l'arracher à *son* Térence et à *son* Cicéron, et que « ce n'est qu'après qu'il eut rencontré les pamphlets de Sirmond et les lettres de Balzac qu'il commença non seulement à ne plus mépriser la langue française, mais à l'aimer passionnément et à croire

qu'avec du temps et du travail, on pouvait la rendre capable de
toutes choses. » C'est bien ce qui est arrivé ; elle est devenue
« capable de toutes choses », et même, ce qu'on ne croyait pas, de
supplanter les langues anciennes. Jusque-là on écrivait en latin
quand on voulait être lu du monde entier. En 1658, Nicole crut
devoir traduire en latin *les Provinciales* pour qu'il leur fût possible
de passer la frontière et d'être autant admirées à l'étranger que
chez nous. Un siècle plus tard on n'aurait plus eu besoin de le
faire : le français était devenu la langue de toute l'Europe lettrée.
Les espérances de l'Académie s'étaient réalisées : « Il avait suc-
cédé à la langue latine, comme la latine à la grecque. »

Mais pour que le français s'imposât ainsi à l'estime de
l'Europe, on sentait bien qu'il fallait en faire une langue aussi
parfaite que possible, et qu'avant tout, il avait besoin d'être pourvu
d'un bon dictionnaire. On se mit sérieusement à l'œuvre à partir
de 1639, quand Vaugelas fut chargé du travail, et reçut pour le
faire une pension de 2 000 livres. Personne n'en était plus capable
que lui, il semblait s'être préparé pendant toute sa vie à la tâche
que l'Académie devait lui confier ; il avait un système arrêté, des
principes qu'il fit prévaloir, et s'il n'a pas eu le temps de pousser
bien loin son ouvrage, ses successeurs ont suivi jusqu'à la fin
l'impulsion qu'il avait donnée.

Quand on entreprend de faire un dictionnaire, il est naturel
qu'on se demande d'abord s'il y a une autorité qu'on puisse con-
sulter dans les cas douteux et dont les décisions soient souveraines. Horace répond qu'il faut se conformer à l'usage : « C'est
l'arbitre et le maître des langues. » Mais l'usage n'est pas le même
partout, il change avec les milieux ; quel est celui qu'il faut suivre
et celui qu'il faut éviter ? Quelques-uns prétendent que c'est le
peuple qui doit faire la loi ; Malherbe renvoyait ceux qui le con-
sultaient sur la manière de bien parler aux crocheteurs du Port
au foin. D'autres veulent qu'on s'en tienne aux exemples donnés
par les bons auteurs : il faut n'employer que les termes et les
tours dont ils ont l'habitude d'user. C'était notamment l'opinion
de Chapelain,

> Cet homme merveilleux dont l'esprit sans pareil
> Surpassait en clarté les rayons du soleil.

Vaugelas aussi a beaucoup d'estime pour les grands écrivains
de son temps, il les a étudiés à fond et les cite avec respect ; mais

il voit bien qu'ils ne sont pas assez nombreux pour qu'on puisse
tirer d'eux tout ce qu'on a besoin de savoir. Le grand siècle com-
mence à peine, les excellens écrits sont rares; c'est donc de la
parole parlée qu'on doit tirer les règles du langage plus que de
la parole écrite. Malheureusement on ne parle pas partout de la
même manière, surtout à cette époque. Il ne s'est pas encore
formé une langue commune, qui soit celle de tous les honnêtes
gens. La société française se compose de classes et de professions distinctes, qui ont chacune leur façon de vivre et de s'exprimer. Il y a la langue du palais, celle de l'Église, celle de l'université, et bien d'autres encore. Entre toutes, Vaugelas choisit
sans hésiter la langue de la cour. Ce choix devait paraître sin-
gulier à beaucoup de monde; la Cour n'avait pas conquis encore,
pour les choses de l'esprit et du bon goût, cette prédominance qui
lui a été plus tard attribuée. Les savans, les lettrés, les poètes,
dont on écoutait la parole avec respect, dont on applaudissait les
bons mots et les vers, à l'hôtel de Rambouillet ou dans les salons
qui s'étaient formés sur ce modèle, traitaient fort mal d'ordinaire
les gens qui fréquentaient la cour. Trente ans après, Molière est
encore obligé de les défendre contre ceux qui ne leur pardon-
naient pas d'avoir eu la sottise d'applaudir *l'École des Femmes.*
« Sachez, disait-il, qu'ils ont d'aussi bons yeux que d'autres;
qu'on peut être habile avec un point de Venise et des plumes
aussi bien qu'avec une perruque courte et un petit rabat uni; que
la grande épreuve de toutes vos comédies, c'est le jugement de
la cour; qu'il n'y a point de lieu où les décisions soient si justes,
et que, du simple bon sens naturel et du commerce de tout le
beau monde, on s'y fait une manière d'esprit, qui sans compa-
raison juge plus sainement des choses que tout le savoir en-
rouillé des pédans. » Vaugelas, du premier coup, avait deviné
tout ce que dit ici Molière. Il connaissait très bien la cour; ses
fonctions l'y attachaient, et un goût particulier l'attirait vers elle.
Il y avait vécu trente-cinq ou quarante ans de suite. Observateur
de nature, grammairien de passion, il s'était vite aperçu que les
gens de son temps parlaient beaucoup mieux qu'ils n'écrivaient.
Il n'en était ni surpris, ni choqué, « car enfin la parole qui se
prononce est la première en ordre et en dignité, puisque celle qui
est écrite n'est que son image, comme l'autre est l'image de la
pensée. » Il trouva donc un grand plaisir et un grand profit à entendre les courtisans parler. Il remarqua que ceux mêmes dont

l'éducation avait été très négligée, ces seigneurs que la guerre réclamait dès l'âge de douze ou treize ans, ces grandes dames que l'on instruisait surtout, dans les couvens, à prier Dieu et à se présenter avec grâce, apprenaient très vite, en vivant à la cour, ce qu'on ne leur avait pas enseigné. La fréquentation des personnes distinguées, l'usage du monde, l'habitude des conversations délicates développaient la finesse de leur esprit et leur donnaient ce sens droit qui de lui-même choisit les mots et les tours les plus conformes au génie naturel de notre langue. Vaugelas s'est mis à leur école. C'est en les écoutant qu'il a rédigé ses *Remarques sur la langue française*, livre excellent, où le xviie siècle s'est formé, que Racine emportait avec lui quand il quittait Paris, qu'il lisait et annotait à Uzès, pour être sûr de ne pas désapprendre à parler français.

Vaugelas s'occupa dix ans du dictionnaire et le poussa jusqu'à la lettre I. Sa mort fut une grande perte pour l'Académie. Pour comble de malheur, comme il avait, suivant le mot ingénieux de Pellisson, « beaucoup moins de bien que de mérite », ses créanciers saisirent tous les papiers qu'on trouva chez lui, et le dictionnaire avec eux. Il fallut plaider pour le ravoir, ce qui perdit du temps. Quand on se remit à l'ouvrage, l'ardeur primitive s'était fort attiédie. Le travail marcha si lentement que Colbert, qui aimait qu'on allât vite en besogne, finit par se fâcher. On raconte qu'il vint un jour à l'Académie, où il n'était pas attendu, très disposé à faire des remontrances à ses confrères et à leur reprocher leurs lenteurs. Mais quand il vit par lui-même combien il est difficile de définir exactement un mot, d'en préciser le sens et l'usage, de chercher les épithètes qui s'y joignent naturellement, d'expliquer les phrases et les proverbes où il s'emploie, il dit, en se levant, qu'il voyait bien qu'on ne pouvait pas aller plus vite. « Ce témoignage, ajoute notre récit, doit être d'autant plus considéré qu'on sait que jamais homme dans sa place n'a été plus laborieux et plus diligent. »

Il crut pourtant devoir prendre quelques mesures pour que le travail ne se ralentît pas. Les académiciens avaient eu de tout temps le défaut de n'être pas très assidus aux séances. « La pénultième fois, écrit Chapelain à un de ses amis, l'Académie ne fut composée que d'une personne. » Richelieu, qui n'était pas d'humeur patiente, prit un moyen violent pour faire cesser ces absences scandaleuses. « Il fit dire à tous ceux qui étaient de l'Académie d'avoir à opter dans trois jours : ou de s'engager à y

venir assidûment, ou de céder la place à beaucoup de personnes de
considération qui demandaient à y entrer. » Colbert eut recours à
des moyens plus doux. Il était fâché de voir que les séances ne se
tenaient pas avec la régularité nécessaire. « Il n'y avait point
d'heure réglée, dit Perrault, à laquelle l'assemblée dût commen-
cer, ni à laquelle elle dût finir : les uns venaient de bonne heure,
les autres fort tard ; les uns y entraient lorsque les autres commençaient à en sortir, et quelquefois tout le temps se passait à
dire des nouvelles. Il fut résolu qu'elle commencerait à trois
heures sonnantes et finirait lorsque cinq heures sonneraient.
Pour l'exécution exacte de ce règlement, M. Colbert fit donner
une pendule à l'Académie, avec ordre au sieur Thuret de la con-
duire et de l'entretenir. » Il fit plus ; il institua les jetons de présence, qui, depuis le 2 janvier 1683 jusqu'à nos jours, sont dis-
tribués aux membres de l'Académie. Ce n'était assurément pas une
fortune : le jeton valait 32 sous (1) ; il est vrai que, comme il y en
avait quarante pour chaque séance, et que ceux des absens étaient
partagés entre les présens, la part de chacun s'en trouvait souvent fort accrue. Il leur est arrivé de toucher en une fois cinq jetons, c'est-à-dire 8 livres, ce qui était une somme assez importante
pour l'époque. Il y avait des académiciens pauvres qui étaient
loin de dédaigner ce petit surcroît de revenu. C'est, dit-on, Corneille qui créa le mot de jetonniers, pour désigner ceux de ses
confrères que l'appât du jeton plus que les charmes du dictionnaire attirait à l'Académie. Il était pourtant fort jetonnier lui-
même, et La Fontaine encore plus : on sait que les amis de La
Fontaine lui fournissaient « le souper et le gîte » : c'était le jeton
qui lui donnait « le reste ». Du moment qu'on touchait le jeton, il
fallait le gagner, c'est-à-dire arriver à l'heure. Il fut assez difficile
d'en faire prendre l'habitude aux académiciens ; ceux qui arrivaient en retard commençaient par faire le procès à l'horloge ; ils
se plaignaient que le sieur Thuret ne l'eût pas bien réglée, et ils
y mettaient tant d'insistance qu'ils finissaient par se faire rétablir
sur la liste. « Pour empêcher cet abus, nous dit Perrault, je n'en-
trai exprès deux ou trois fois qu'un moment après l'heure sonnée : on voulut me mettre sur la feuille pour participer aux jetons, je ne le souffris point, afin qu'étant établi qu'on ne me
faisait point de grâce lorsque j'arrivais à l'heure sonnée, per-

(1) Le jeton fut porté à 3 fr. sous le ministère de Calonne.

sonne ne s'en plaignît si on en usait de même à son égard. »

Grâce à toutes ces mesures, le dictionnaire avançait. A la fin de 1684 on s'occupait des dernières lettres, quand éclata l'affaire de Furetière, qui amena de nouveaux retards. Elle a fait tant de bruit à cette époque et elle est si peu connue aujourd'hui que je ne puis me dispenser d'en dire un mot.

Furetière était de l'Académie depuis 1662 et travaillait avec ses confrères au dictionnaire commun, quand l'idée lui vint d'en faire un pour son compte. Il voudrait bien nous persuader qu'il n'avait d'autre dessein que d'être utile au public et de lui donner un ouvrage dont on avait besoin. Mais comme il avoue quelque part « qu'il était un peu incommodé d'argent » et qu'il reproche à ceux qui arrêtent son dictionnaire de frustrer ses créanciers, on peut soupçonner qu'il voyait dans la publication de son livre une bonne affaire qui l'aiderait à sortir d'une situation embarrassée. Sa grande excuse, sur laquelle il revient sans cesse, c'est que son dictionnaire était entièrement différent de celui de l'Académie. Elle n'a jamais eu la prétention de mettre dans le sien tous les mots de la langue ; de parti pris, elle en exclut les termes techniques, ceux qui concernent spécialement les arts, les sciences, les métiers, et ne sont pas entrés dans la langue commune. Ce sont ceux là que Furetière a le dessein de recueillir et d'expliquer. Assurément, s'il les avait pris seuls, l'Académie n'aurait pas eu à se plaindre (1). En réalité son ouvrage est un dictionnaire universel, plus étendu que celui de l'Académie, puisqu'il contient les termes techniques qu'elle a laissés de côté, mais qui renferme aussi les autres, c'est-à-dire qui, pour toute une partie et la principale, fait une concurrence directe et ouverte à l'ouvrage que l'Académie préparait depuis si longtemps. Furetière le sentait bien ; ce qui le montre, c'est le soin qu'il prit de se cacher. Il ne laissa rien transpirer dans le public de cette immense entreprise à laquelle, pendant tant d'années, il consacra, dit-il, treize heures par jour. Un moment vint pourtant où il fut bien forcé de tout découvrir, quand il s'agit d'obtenir un privilège pour l'impression de son livre. Celui qui devait l'examiner était précisément son confrère Charpentier. Furetière savait par où on pouvait le prendre. Il lui donna un très bon dîner, avec de l'excellent vin,

(1) Ce qui le prouve, c'est qu'elle encouragea Thomas Corneille à le faire, et qu'il publia un *Dictionnaire des arts et des sciences*, qui fut regardé comme un supplément au dictionnaire de l'Académie.

« dont il but excessivement » ; puis, au dessert, pour épargner sa peine, il lui apporta tout libellé un certificat qui disait « qu'il avait lu, par ordre de M. le chancelier, un livre manuscrit intitulé : *Dictionnaire universel des arts et des sciences*, et qu'il avait trouvé que ce livre pourrait être très utile au public et méritait d'être imprimé. » Charpentier, la tête encore un peu lourde du bon repas qu'il venait de faire, et se fiant au titre qui n'avait rien de suspect, signa des deux mains, sans même ouvrir le manuscrit. Quand il fut parti, on ajouta une petite ligne au titre, et l'ouvrage fut intitulé : *Dictionnaire universel, contenant généralement tous les mots français tant vieux que modernes et les termes des arts et des sciences.* Le tour était joué.

Mais le libraire de l'Académie veillait, son intérêt le rendait vigilant. Pour se couvrir des dépenses que lui causait le dictionnaire, frais de copie et d'impression, et se préserver de toute concurrence, il avait obtenu, en 1674, du chancelier d'Aligre, un privilège, qui défendait d'imprimer aucun dictionnaire français avant que celui de l'Académie n'eût paru, et pendant vingt ans après sa publication. Furetière avait bien raison de trouver ce privilège abusif et tyrannique ; mais enfin il existait, il était conforme à la législation du temps, Furetière faisait partie de l'Académie quand elle l'avait demandé et obtenu ; tant qu'il n'était pas révoqué, on était contraint de le respecter (1). La justice fut saisie, et Furetière exclu solennellement de l'Académie (2).

Il se vengea par ses factums ; le droit lui étant contraire, il tâcha de mettre les rieurs de son côté, et il y réussit. Le succès prodigieux des factums de Furetière se comprend très aisément. D'abord il avait beaucoup d'esprit : dans le monde, où il était fort répandu, on le tenait pour un railleur impitoyable ; ensuite il était victime d'un monopole, et cette société de privilégiés se piquait de malmener les privilèges. Enfin il attaquait l'Académie : c'est une de ces institutions comme il y en a beaucoup chez nous, pour laquelle on se sent au fond du respect, et dont on aime à médire. Furetière s'en moque fort agréablement. Il nous fait assister à une séance de dictionnaire ; il nous montre les académiciens

(1) Ce qui est piquant, c'est que Furetière, qui ne pouvait pas nier que le privilège de l'Académie fût légal, prétend qu'il a été surpris au chancelier d'Aligre. Avait-il oublié de quelle manière et par quel tour d'adresse il avait obtenu le sien ?

(2) L'exclusion de l'Académie était prévue par les statuts. Jusqu'à Furetière on n'avait appliqué cette peine qu'une fois. En 1635 l'Académie avait exclu l'abbé Garnier coupable d'avoir abusé d'un dépôt que lui avaient confié des religieuses.

arrivant lentement et tout occupés d'abord à se raconter l'un à l'autre ce qu'ils ont appris par la ville; puis, « quand ils sont épuisés sur les nouvelles et les bons contes », se mettant enfin à éplucher les mots. Comme ils ne sont pas pressés, ils perdent volontiers le temps à des minuties. « J'ai remarqué, dit-il, que toute l'après-dînée du 18 novembre 1684 se passa à examiner ce que c'était *avoir la puce à l'oreille*. » Quelquefois pourtant on discute avec ardeur, moins dans l'intérêt de la langue, dont on ne se soucie guère, que pour étaler son esprit. On y met tant d'amour-propre, on défend l'opinion qu'on a émise par hasard avec tant de passion qu'on finit par se dire des gros mots, et même qu'on se jette des livres à la tête. On pense bien que Furetière ne se fait pas faute d'attaquer directement les personnes; mais comme il est prudent, il ne les maltraite pas toutes; il met d'abord de côté les cardinaux, les évêques, les grands seigneurs, tous ceux qui pourraient se venger, et ne parle d'eux qu'avec le plus grand respect; puis ses amis, surtout Racine et Boileau, qui l'ont soutenu jusqu'à la fin; pour les autres, il est sans pitié. Il se moque cruellement de Regnier Desmarais, le secrétaire perpétuel, du gros Charpentier, auquel il aurait dû être indulgent, après l'avoir si bien dupé, des deux Tallemant, de Le Clerc et Boyer, « les deux Albigeois, » de Barbier d'Aucour, « .qui s'est affublé de deux noms, aussi inconnus l'un que l'autre », de Quinault, dont il nous dit que « c'était une bonne pâte d'homme », parce que son père était boulanger. Pourquoi faut-il qu'il y ait joint La Fontaine, dont il raille les infortunes conjugales, et sur lequel il appelle toutes les foudres de la justice, à cause des légèretés de ses *Contes* (1)?

Sur la foi de Furetière on était fort disposé à croire que le dictionnaire de l'Académie ne verrait jamais le jour. Il fut pourtant achevé, et le 24 août 1694 Tourreil eut l'honneur d'en faire hommage au roi, à Versailles. Une planche, gravée en tête de la dédicace, représente cette cérémonie. Louis XIV, sur son trône, reçoit les académiciens, entouré de ses courtisans. Le chef de la députation, en grand manteau, le harangue, et le roi paraît l'écouter avec un très vif intérêt. Le *Mercure* nous a conservé sa réponse, pleine de cette bonne grâce qui ne lui fit jamais défaut

______

(1) Furetière ne plaisante pas seulement l'Académie sur les choix qu'elle a faits, il lui reproche les hommes distingués dont elle n'a pas voulu. Il y avait donc déjà un quarante et unième fauteuil. Seulement Furetière ne le compose pas tout à fait comme nous le ferions aujourd'hui. Nous y mettrions Descartes, La Rochefoucauld, Pascal, Molière ; il y met Du Cange, Ménage, Thouvenot, Varillas, Baillet, etc.

dans ses rapports avec l'Académie : « Messieurs, dit-il, voici un ouvrage attendu depuis longtemps. Puisque tant d'habiles gens y ont travaillé, je ne doute point qu'il ne soit très beau et très utile pour la langue. Je le reçois agréablement ; je le lirai à mes heures de loisir et je tâcherai d'en profiter. »

V

A ce moment l'Académie française était dans tout son éclat. Si l'on se demande à quelle époque de son existence elle a contenu à la fois le plus d'hommes distingués, je crois bien qu'il faudra répondre que c'est à la fin du xviie siècle, et pour fixer une date plus précise, en 1693, quand elle a reçu La Bruyère. Elle avait sans doute perdu Corneille et Colbert, mais elle possédait encore Bossuet, Fléchier, Fénelon, Racine, La Fontaine, Boileau, et, au-dessous d'eux, le savant évêque d'Avranches, Huet, Segrais, Perrault, Thomas Corneille et Fontenelle. Les amis de La Bruyère, Bossuet surtout, qui avait pour lui une très vive affection, pensaient avec raison qu'il était digne de figurer dans ce bel ensemble. Ils le poussèrent à se mettre sur les rangs et ils travaillèrent de toute leur force au succès de sa candidature.

Ce fut une grande bataille. Il est probable que, s'il n'avait rien écrit, il aurait réussi du premier coup ; les précepteurs des princes, comme était La Bruyère, arrivaient tout droit à l'Académie. Mais il venait de publier les *Caractères*, et cet ouvrage qui, à notre sens, aurait dû lui en ouvrir les portes toutes grandes, était précisément ce qui risquait de les lui fermer. Tout le monde le lisait avec passion ; — il fallut en faire, en six mois, deux éditions à Paris et deux en province. — Mais presque personne n'osait en dire du bien. Ceux qui s'y croyaient désignés le déchiraient ; les autres affectaient d'en paraître scandalisés. Aux ennemis que son livre lui avait faits, il faut joindre ceux qui lui venaient de ses illustres amitiés. Boileau et Racine étaient ses patrons, et naturellement les gens qui ne pouvaient pas les souffrir s'en prenaient au protégé pour atteindre les protecteurs. La Bruyère, qui n'avait pas l'humeur pacifique, répondait parfois à leurs attaques par des injures cruelles. « En vérité, dit-il quelque part, je ne doute pas que le public ne soit étourdi et fatigué d'entendre de vieux corbeaux croasser autour de ceux qui, d'un vol libre et d'une plume légère, se sont élevés à la gloire par leurs écrits. » Ces vieux corbeaux étaient les survivans de l'Académie de Richelieu, qui venaient de faire de si grands efforts pour en écarter Boileau. On pense bien qu'ils n'étaient pas disposés à en ouvrir les portes à ses amis.

Ajoutons qu'on était au plus fort de la lutte des anciens et des modernes qui jetait des causes nouvelles de division parmi les gens de lettres. Jamais querelle ne fut plus féconde en sous-entendus et en malentendus. Si les partisans des modernes s'étaient bornés à prétendre qu'en principe nous ne sommes pas condamnés à une infériorité nécessaire, que nos langues et nos littératures ont le droit de s'émanciper de l'imitation servile de l'antiquité, que ce n'est pas un crime de soupçonner qu'en l'admirant et en l'imitant, nous pourrons aller un jour plus loin qu'elle, je crois qu'il n'aurait pas été facile de leur répondre. L'Académie surtout ne pouvait pas leur être contraire, elle qui avait été créée précisément pour aider à cette émancipation, et qui, dès le début, on s'en souvient, proclamait que « la langue française devait succéder à la latine, comme la latine à la grecque. » Mais ceux qui annonçaient tout haut que les anciens auraient des successeurs qui les égaleraient ou les surpasseraient peut-être, laissaient entendre tout bas que ces successeurs avaient déjà paru, et que c'étaient eux et leurs amis. Desmarets ne se gênait pas pour dire que les Français ont beaucoup plus de talent et d'invention que n'en eurent jamais Homère et Virgile, et mettait sans façon le *Clovis* au-dessus de l'*Énéide*. Voilà ce qui exaspérait les gens d'esprit qui avaient étudié l'antiquité et qui la comprenaient. Tant d'impertinence unie à tant de médiocrité les mettait hors d'eux-mêmes. La lutte de principe se changeait donc en querelle de personnes, et c'est ce qui la rendait si violente. Ce qui ajoute à la confusion, c'est qu'aucun des combattans ne paraît être véritablement à sa place et dans le parti qui lui convenait le mieux : ceux qui se flattaient de détrôner les anciens étaient les écrivains les plus médiocres, tandis que les plus illustres, dont les ouvrages auraient pu prouver qu'on n'avait rien à envier à l'antiquité, se mettaient humblement au-dessous d'elle, en sorte que la cause des modernes ne pouvait se flatter de triompher que grâce à ceux mêmes qui la combattaient avec le plus d'acharnement.

Il règne enfin, à propos de cette querelle, une sorte de préjugé qui ne me paraît pas tout à fait juste. On a l'habitude de se figurer les partisans des anciens comme des pédans, esclaves des traditions, qui ne détachent pas les yeux du passé, et les autres comme des amis du progrès, toujours tournés vers l'avenir. Pour beaucoup d'entre eux, on se trompe. Personne ne déteste autant le pédantisme que La Bruyère, personne n'aime plus l'originalité et la nouveauté. C'est au point que même cette langue admirable de Bossuet, si large, si ample, si majestueuse, ne le contente pas entièrement. Il songe à la rendre plus souple, plus vive, plus propre à la réplique et à l'escarmouche, à y mettre plus de figures et plus de traits. C'est le sens de cette pensée célèbre où, après avoir indiqué les progrès que le style a faits depuis vingt ans, il conclut en disant « qu'on a mis dans le discours tout l'ordre et toute la netteté dont il est capable, et que cela conduit insensiblement à y mettre de l'esprit ». Ce qu'il disait, il a voulu le faire. Le souci d'affiner et d'animer le style est visible chez lui presque à chaque page. On a eu raison de dire que ce dernier représentant du xviie siècle prévoit et annonce le xviiie, et qu'il a voulu lui préparer l'instrument dont il s'est servi pour ses luttes. Et pourtant, tout ami qu'il était de la nouveauté et du progrès, il s'est rangé résolument dans le parti des anciens ; il faisait campagne à côté de Boileau contre Perrault et ses amis. C'est lui qui a comparé ceux qui nourris de l'antiquité s'élèvent contre elle et la maltraitent « à ces enfans drus et forts d'un bon lait qu'ils ont sucé, qui battent leur nourrice. »

On comprend qu'un homme qui avait pris une attitude si décidée dans des luttes qui passionnaient tout le monde, et qui s'était fait tant d'ennemis, ne soit pas arrivé sans peine à l'Académie. Il s'y présenta d'abord sans succès, et peut-être plusieurs fois de suite (1) ; enfin, en 1693, deux places étant venues à vaquer, il fut nommé avec l'abbé Bignon, neveu de Pontchartrain. L'élection de Bignon, qui n'avait presque rien écrit, sembla très légitime à tout le monde ; celle de La Bruyère surprit tellement ses adversaires qu'ils prétendirent « qu'il n'avait réussi que grâce aux plus fortes brigues qu'on eût jamais faites (2). »

----

(1) On pourra voir en détail l'histoire des candidatures de La Bruyère dans l'excellente notice que M. Servois a mise en tête de ses œuvres dans la Collection des grands écrivains de la France.

(2) La Bruyère se défend avec une grande vivacité, dans son discours de réception, d'avoir eu recours à aucune brigue : » Il n'y a ni poste, ni crédit, ni richesses, ni titres, ni autorité, ni faveur, qui ait pu vous plier à faire ce choix : Je n'ai rien de toutes ces choses, tout me manque. » On a pourtant trouvé, dans les papiers de

Ils étaient donc déjà fort irrités de son succès; mais ce qui devait porter leur colère au comble, c'est ce qui se passa dans la séance où il fut reçu. Les réceptions académiques commençaient à être des événemens littéraires; on était d'autant plus empressé à y assister qu'il était plus difficile d'y être admis. On a vu que, depuis 1672, l'Académie était installée au Louvre; elle y occupait deux grandes pièces du rez-de-chaussée qui font partie aujourd'hui du musée de la sculpture française et s'appellent la salle de Puget et celle des Coustou. La première servait d'antichambre, l'Académie siégeait dans l'autre. Lorsque, sur la proposition de Perrault, on décida d'admettre le public à entendre le remerciement que le nouvel académicien adressait à ses confrères, on se contenta d'ouvrir les portes « à tous les honnêtes gens. » Mais en 1713, quand on eut remplacé les sièges ordinaires par des fauteuils qui prenaient plus de place (1) et sans doute aussi quand l'affluence du public devint plus considérable, on se transporta dans la première salle, qui pouvait contenir plus de monde. Le milieu était occupé par une table, longue, « ornée d'un beau tapis. » A l'une des extrémités se tenait le directeur, entre le chancelier et le secrétaire perpétuel; à l'extrémité opposée, le récipiendaire, et les académiciens des deux côtés. Tout était réglé d'avance avec un soin minutieux. Quand tout le monde est assis, l'huissier va chercher le récipiendaire qui attend dans une pièce voisine, et le conduit à sa place; le directeur ôte son chapeau pour lui faire savoir qu'il peut prendre la parole; l'orateur garde le sien pendant qu'il parle et ne se découvre que quand il dit : Messieurs, ou quand il prononce le nom du roi. Les chaises des assistans entourent la table; les dames, qui sont admises depuis 1702, occupent des tribunes qu'on a ménagées dans les fenêtres.

Le 15 juin 1693, quand les deux nouveaux académiciens furent reçus ensemble, un mois après leur élection, les dames n'assistaient pas aux séances, et l'on siégeait encore dans la plus

Renaudot, une lettre de Pontchartrain, qui lui demande sa voix pour La Bruyère et pour Bignon. Mais rien ne prouve que La Bruyère ait demandé à Pontchartrain de l'écrire, ou que Pontchartrain ne l'ait pas fait surtout pour Bignon, son neveu.

(1) Jusqu'en 1713, il n'y avait de fauteuils, à l'Académie, que pour les officiers, c'est-à-dire pour le directeur, le chancelier et le secrétaire perpétuel; les autres étaient assis sur des sièges ordinaires; mais les cardinaux, qui jugeaient qu'une chaise ne convenait pas à leur dignité, ayant déclaré qu'ils n'assisteraient plus à aucune séance si un fauteuil ne leur était réservé, l'Académie tourna la difficulté en décidant qu'il y en aurait pour tout le monde. Louis XIV, qui prisait beaucoup l'égalité académique, s'empressa d'approuver cette spirituelle décision.

petite des deux salles, mais on peut être sûr que la foule y était
très nombreuse et la curiosité fort excitée.

Les ennemis de La Bruyère n'avaient pas désarmé. Boursault
raconte que, deux heures avant la réception, Messieurs de l'Académie trouvèrent sur leur table l'épigramme suivante :

> Quand, pour s'unir à vous, Alcippe se présente,
>   Pourquoi tant crier haro ?
>   Dans le nombre de quarante,
>   Ne faut-il pas un zéro (1) ?

Bignon parla le premier : sa harangue ne sortait pas du cadre
ordinaire des discours de ce genre. Il n'en fut pas de même de
celle de La Bruyère, qui réservait à ses confrères et au public une
grande surprise.

Ceux qui ont connu de près La Bruyère nous le dépeignent
comme une sorte de rêveur, un personnage taciturne, empêtré,
inégal, agissant par boutades, qui ne disait rien ou parlait trop ; en
réalité, c'était un de ces hommes chez qui le dehors et le dedans s'ac-
cordent mal ensemble et se gênent l'un l'autre, qui sont timides
d'apparence avec un grand fonds d'audace, et qui, lorsqu'ils ont pu
se vaincre et triompher de leurs embarras extérieurs, vont plus loin
que tout le monde, comme pour se dédommager. Les discours académiques, comme on avait l'habitude de les faire, lui semblaient
sans doute ridicules, et il est bien certain que nous avons grand'peine
à comprendre comment une société si spirituelle, si délicate, pouvait les supporter. Il était d'usage que le nouvel élu fît l'éloge de
la compagnie qui avait bien voulu l'accueillir : rien de plus naturel ; mais cet éloge dégénérait souvent en hyperboles grotesques.
Patru déclarait que « quelque part qu'il jetât les yeux, il ne
voyait que des héros » ; il s'étonnait qu'on eût pu trouver à la fois
en un siècle quarante personnes d'une vertu si éminente, et
craignait « qu'un si grand effort n'eût pu se faire sans épuiser la
nature. » Il semblait à Boyer que l'Académie était vraiment
l'antre d'Apollon, « où à peine on avait mis le pied sur le seuil

____

(1) Cette épigramme m'en rappelle une autre, qui fut faite en 1731, à propos
d'une réception académique. Mais cette fois, c'était le récipiendaire qui se moquait
de lui-même. Quand cet original de La Condamine fut reçu, il fit distribuer les vers
suivants à la porte de l'Académie :

> La Condamine est aujourd'hui
> Reçu dans la troupe immortelle.
> Il est bien sourd ; tant mieux pour lui ;
> Mais non muet ; tant pis pour elle.

qu'on se sentait rempli du dieu qui y présidait. ». Scudéry commençait ainsi son remercîment : « Celui qui croyait que le Sénat romain était composé de rois vous aurait apparemment pris pour des dieux. » La Bruyère voulut rentrer dans la vérité. Le moyen était simple ; il s'agissait de remplacer cette phraséologie vide par des appréciations exactes. Au lieu de ces fades complimens, qui s'adressant à tous à la fois ne convenaient véritablement à personne, il fallait isoler ceux dont on voulait parler et les peindre comme ils étaient ; faire des portraits, c'était son goût et son talent, il était sûr d'y réussir. En général ceux qu'il a mis dans son discours de réception sont excellens, et, pour employer une de ses expressions, « faits de main d'ouvrier. » Mais ici il s'exposait à un danger qui, du reste, ne paraissait pas l'effrayer. Comme il ne pouvait pas parler de tout le monde, et qu'il était décidé à ne donner des éloges qu'à ceux qui lui semblaient les mériter, il risquait d'exaspérer les autres. Les ennemis de Boileau — et l'on sait combien il en avait à l'Académie ! — pouvaient-ils sans colère l'entendre dire « qu'il passe Juvénal et atteint Horace ; » et surtout « qu'on remarque dans ses vers une critique sûre, judicieuse et innocente, s'il est permis du moins de dire de ce qui est mauvais qu'il est mauvais. »

L'éloge de Racine était encore plus dangereux ; on y attendait La Bruyère. Deux ans auparavant, Fontenelle s'exprimait ainsi, dans son discours de réception : « Je tiens par le bonheur de ma naissance à un grand nom, qui, dans la plus noble espèce des productions de l'esprit, efface tous les autres noms. » C'était une provocation ; La Bruyère y répondit. Après avoir dit que, si Racine n'a pas dépossédé de la scène son illustre prédécesseur, il s'y est au moins établi avec lui, il ajouta : « Quelques-uns ne souffrent pas que Corneille, le grand Corneille, lui soit préféré ; quelques autres qu'il lui soit égalé : ils en appellent à l'autre siècle ; ils attendent la fin de quelques vieillards, qui, touchés indifféremment de tout ce qui rappelle leurs premières années, n'aiment peut-être, dans *OEdipe*, que le souvenir de leur jeunesse. » Qu'on juge de l'effet produit par ces paroles dans une assemblée où ces vieillards étaient si nombreux, où siégeaient le frère et le neveu de Corneille, qui se regardaient comme les gardiens de sa gloire !

On savait bien que Bossuet, le protecteur le plus déclaré de La Bruyère, ne serait pas oublié. Il en a fait un éloge qu'il faut citer tout entier, quoiqu'il soit connu de tout le monde. « Que

dirai-je de ce personnage qui a fait parler si longtemps une
envieuse critique, et qui l'a fait taire, qu'on admire malgré soi,
qui accable par le grand nombre et par l'éminence de ses talens ?
Orateur, historien, théologien, philosophe, d'une rare érudi-
tion, d'une plus rare éloquence, soit dans ses entretiens, soit dans
ses écrits, soit dans la chaire ; un défenseur de la religion, une
lumière de l'Église, parlons d'avance le langage de la postérité,
un Père de l'Église. Que n'est-il point ? Nommez, Messieurs, une
vertu qui ne soit pas la sienne. » Ces paroles n'auraient probablement choqué personne si une circonstance imprévue n'avait
paru leur donner une signification à laquelle La Bruyère n'avait
pas songé. L'archevêque de Paris, Harlay de Chanvallon, l'un des
hommes les plus importans du clergé de France, faisait partie
de l'Académie française depuis plus de vingt ans et y était fort
considéré. Il avait voulu assister à la séance académique, sans
doute pour faire honneur à l'abbé Bignon, mais il y était arrivé
trop tard, et quand le discours de l'abbé était presque achevé.
L'assemblée pria instamment Bignon de recommencer sa lecture en faveur de l'archevêque. Cet hommage, dont le vaniteux
Harlay dut être très fier, lui rendit plus amers sans doute le si-
lence que La Bruyère garda sur lui et surtout cet éloge de Bossuet qu'il le força d'entendre (1). C'était un effet du hasard ; tout
le monde crut y voir une insulte préméditée, et il est bien probable que, pendant quelque temps, à Versailles et dans les salons
de Paris, il ne fut pas question d'autre chose.

Tout sembla donc se réunir pour exciter une sorte de déchaî-
nement contre le malheureux discours de La Bruyère. Il est très
naturel que les admirateurs de Corneille, les victimes de Boileau,
les partisans de Harlay de Chanvallon en aient été fort irrités ;
mais comment se fait-il que, chez les autres, il n'ait pas trouvé un
meilleur accueil ? Tandis que le discours si médiocre de Bignon
était couvert d'applaudissemens, les gens même les mieux disposés
pour l'auteur parurent accueillir très froidement celui de La

(1) Les contemporains nous disent que Bossuet et l'archevêque de Paris ne s'ai-
maient guère. Harlay devait être très jaloux de l'influence que Bossuet avait prise
sur Louis XIV, et Bossuet devait penser de Harlay à peu près comme Fénelon, qui
disait, dans sa lettre anonyme au roi : « Vous avez un archevêque corrompu, scan-
daleux, incorrigible, faux, malin, artificieux, ennemi de toute vertu et qui fait gé-
mir tous les gens de bien. Vous vous en accommodez parce qu'il ne songe qu'à vous
plaire par ses flatteries. Il y a plus de vingt ans qu'en prostituant son honneur, il
jouit de votre confiance. Vous lui livrez les gens de bien ; vous lui laissez tyranniser
l'Église. »

Bruyère. On se demande comment il a pu se faire qu'on en ait ainsi méconnu le mérite. Peut-être causa-t-il trop de surprise pour donner beaucoup de plaisir. C'est une erreur de croire que le public tient beaucoup aux nouveautés. Au contraire, il lui plaît médiocrement qu'on dérange ses habitudes et qu'on trompe son attente. Il était fait à ces banalités des réceptions académiques auxquelles on le conviait plusieurs fois par an: il y avait pris goût, et c'était précisément pour les entendre qu'il s'entassait dans la petite salle du Louvre. On comprend qu'il n'ait pas souhaité qu'on lui offrît autre chose, et que, le jour où il n'a pas retrouvé tout à fait ce qu'il était venu chercher, il ait été de méchante humeur. On revint pourtant assez vite de cette mauvaise opinion que rien ne justifiait. Comme il est arrivé plus d'une fois à cette époque, les gens d'esprit de la cour en appelèrent de l'arrêt qu'avaient si légèrement prononcé « les illustres de la ville. » A Chantilly, « écueil des mauvais ouvrages », où La Bruyère était bien connu, son discours fut apprécié avec plus de justice, et le roi se le fit lire, à Marly, pendant son dîner. Aujourd'hui tout le monde est d'accord que c'est un des meilleurs qui aient été prononcés devant l'Académie (1).

On peut dire qu'avec cette réception et la publication du dictionnaire qui fut faite l'année suivante, le XVIIe siècle se ferme pour l'Académie. Cette élite de grands hommes qu'elle contenait encore disparaît en quelques années. La Fontaine meurt le premier (1695), puis La Bruyère (1696), qui n'a fait, on peut le dire, que la traverser, puis Racine (1699), et un peu plus tard Bossuet (1704); ils sont remplacés en général par des hommes médiocres ; presque tous les ans, l'Académie se dépeuple et s'appauvrit, jusqu'à ce qu'enfin le XVIIIe siècle y entre triomphalement avec Montesquieu, Voltaire et D'Alembert.

(1) Le discours de La Bruyère occupa encore quelque temps l'Académie. Ses ennemis essayèrent d'abord d'empêcher qu'il ne fût publié par Coignard, comme c'était l'usage, et inséré parmi les autres discours académiques. Mais Bignon se refusa à séparer sa cause de celle de son confrère et à laisser paraître le sien tout seul. Il répondit « que deux discours, également innocens, prononcés dans le même jour, devaient être imprimés dans le même temps. » On voulut au moins obtenir que le parallèle entre Racine et Corneille fût supprimé. Mais alors Racine se fâcha, et il fit dire par Bossuet qu'il ne paraîtrait plus à l'Académie, si le discours n'était pas imprimé comme il avait été prononcé. Aucune trace de ces discussions n'est restée dans les registres.

Paris. — Typ. Chamerot et Renouard, 19, rue des Saints-Pères. — 36284.